Reinhard Mandl, Thomas Hofmann

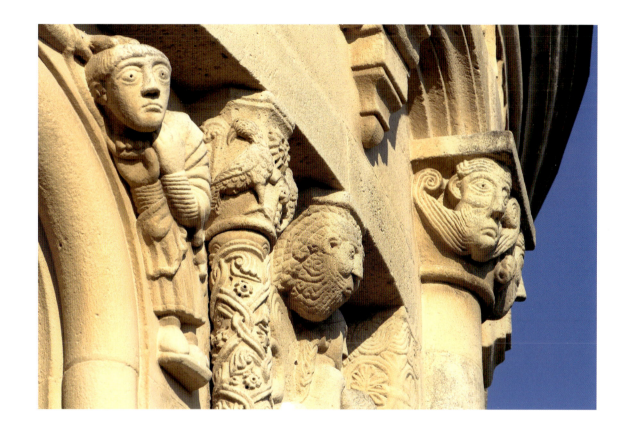

Weinviertel
Land und Leute

Cover: Burg Kreuzenstein vor den Toren Wiens.
Umschlag hinten: Kellerlandschaft bei Wartberg.
Klappen: Lösswand bei Großweikersdorf (vo.), Kellerensemble in Nappersdorf (hi.).
Innentitel: Romanische Figuren an der Apsis der Kirche von Schöngrabern.

IMPRESSUM: Das Werk, einschließlich aller seiner Teile, ist urheberrechtlich geschützt. Jede Verwertung außerhalb des Urheberrechtsgesetzes ist ohne Zustimmung der Hubert Krenn VerlagsgesmbH unzulässig und strafbar. Das gilt insbesondere für Vervielfältigungen, Übersetzungen, Mikroverfilmungen sowie die Einspeicherung und Verarbeitung in elektronischen Systemen. Die in diesem Buch veröffentlichten Ratschläge sind mit größter Sorgfalt von den Autoren erarbeitet und geprüft worden. Eine Garantie kann jedoch nicht übernommen werden. Ebenso ist eine Haftung des Verlags und seiner Beauftragten für Personen-, Sach- oder Vermögensschäden ausgeschlossen. Jede gewerbliche Nutzung der Arbeiten und Entwürfe ist nur mit Genehmigung der Hubert Krenn VerlagsgesmbH gestattet.

COVER: Marianne Prutsch
GRAFISCHE GESTALTUNG: Marianne Prutsch
TEXTE: Thomas Hofmann
LEKTORAT: Alexander Sprung
FOTOGRAFIE: Alle Fotos © Reinhard Mandl, außer auf den Seiten 27, 55 li.o. und 167 (© Thomas Hofmann), Seite 46 o. (© Christine Grabmayer), Seite 77 li.o. und Seite 84 li. (Urgeschichtemuseum Niederösterreich - NÖ Landessammlung Ur-Frühgeschichte), Seite 156 re. (© Franz Kovacz).
REPRO: Wolfgang Lojer, Nikolaus Schiller
DRUCK UND BINDUNG: Druckerei Theiss GmbH, 9431 St. Stefan

© Hubert Krenn VerlagsgesmbH 2013, Printed in EU
ISBN: 978-3-99005-163-4

Reinhard Mandl
Thomas Hofmann

Weinviertel

Land und Leute

KRENN

Inhaltsverzeichnis

7   Das Weinviertel – eine Begrüßung

9   Wein, Wein, nur du allein

31   Die Weiten des Marchfeldes

53   Erdölviertel und Kreuttal

75   Leiser Berge, Mistelbach und Zayatal

97   Vom Land um Laa ins Dreiländereck

121   Vom Retzer Land ins Pulkautal

145   Eggenburg, Schmidatal und Hollabrunn

169   Längs des Wagrams nach Wien

Die Liechtenstein-Radroute lädt zu grenzenlosem Radfahren ein.

Das Weinviertel – eine Begrüßung

„Weinviertel", allein der Name könnte einladender kaum sein. Die Landschaft ist weit und offen, doch keineswegs monoton: blühende Felder und sanft wellige Äcker wechseln im Farbenspiel der Weingärten und Wälder. Die Szenerie gleicht einem bunt ausgebreiteten Tuch – gleichsam einer Einladung, sich hier mit einem Picknickkorb gemütlich niederzulassen.

Das Viertel unter dem Manhartsberg, so der ursprüngliche Name, liegt im Nordosten Österreichs, im niederösterreichischen Dreiländereck mit Tschechien und der Slowakei. Das Weinviertel könnte kaum geschichtsträchtiger sein: Anfang und Ende der Habsburgermonarchie wurden hier geschrieben. Geistliche und weltliche Herren und Herrscher besiedelten das Land und ließen Kirchen und Schlösser errichten. So gut wie alle wichtigen Adelsgeschlechter des Landes waren oder sind mit dem Weinviertel verbunden.

Das fruchtbare Land nährt nicht nur seine Bewohner. Wien war und ist der größte Absatzmarkt für Marchfeldgemüse, Erdäpfel und natürlich für Wein. Wenngleich hier auch andere exzellente Weiß- und Rotweine gekeltert werden, ist der Grüne Veltliner der Wein des Weinviertels. Als *Weinviertel DAC* wurde er in den letzten Jahren zum Synonym für DEN Weinviertler Wein schlechthin. Wer die Vielfalt der einzelnen Lagen und Rieden, die Kunst der WinzerInnen kosten und genießen möchte, ist mit einem Glas *Weinviertel DAC* bestens beraten, denn dieses Markenzeichen steht für regionaltypischen Geschmack auf höchstem Niveau.

Eine weitere Besonderheit des Weinviertels sind die unzähligen Kellergassen, wo sich – oft weit außerhalb der Orte – Weinkeller an Weinkeller reihen. Hier, in den Tiefen des Lösses oder anderer weicher Gesteine lagerten die alten Weinviertler ihre Schätze. Hier kamen sie zusammen, hier wurden die wahren Entscheidungen des Weinviertels getroffen. Heute haben sich Weinherstellung und Lagerung gewandelt, die Kellergassen – inoffizielle Wahrzeichen der Region – sind jedoch geblieben und werden oft liebevoll gepflegt und mit neuen Ideen und Leben erfüllt.

Wer dem Rhythmus von Land und Leuten gerecht werden will, sollte sich Zeit nehmen. „Genussvolle Gelassenheit" ist hier mehr als ein touristisches Schlagwort. Hier, wo Hektik und Stress fehl am Platz sind, sei ein Fortbewegungsmittel empfohlen, das ideal geeignet ist, um dieses Land immer wieder neu zu entdecken: das Fahrrad.

Weinviertler Sommerlandschaft bei Ladendorf.

Wein, Wein, nur du allein

Das Weinviertel hat von allen Vierteln Niederösterreichs wohl den sympathischsten Namen. Zum Glück kam es bei der Namensgebung nicht auf die absolute Größe der Anbauflächen an, denn sonst würde dieses fruchtbare Ackerland Getreide- oder gar Rübenviertel heißen.

Dank des pannonischen Klimas – trockene Sommer, kalte Winter und wenig Niederschlag – und der fruchtbaren Böden gedeiht Wein hier besonders gut. Die ältesten Nachweise für Wein aus dem Weinviertel stammen aus Stillfried an der March und reichen bis in die Spätbronzezeit im 10. oder 9. Jahrhundert vor Christus zurück, also weit vor der Zeit der Römer, die häufig als die Väter heimischen Weinbaus genannt werden. Über die damalige Rebsorte ist jedoch wenig bekannt.

Heute ist der Grüne Veltliner, von Insidern kurz „GV" genannt, eindeutig die Nummer eins. In knapp der Hälfte der gesamten Weinanbaufläche wächst Grüner Veltliner. Dieser hell- bis grüngelbe, fruchtig-frische Weißwein hat einen würzigen, oft leicht pfeffrigen Geschmack, der zuweilen liebevoll „Pfefferl" genannt wird.

Damit ein Weinviertler Grüner Veltliner *Weinviertel DAC* genannt werden darf, muss er strengen Qualitätskritierien entsprechen. Über die generell sehr hohen Anforderungen für österreichische Qualitätsweine hinaus, müssen staatlich geprüfte Verkoster dem *Weinviertel DAC* obendrein auch einen regionstypischen Geschmack attestieren. Allerhöchste Qualität wird übrigens unter dem Namen *Weinviertel DAC Reserve* vertrieben.

Apropos Geschmack: der ist naturgemäß unterschiedlich und die Weinviertler Böden sind es ebenfalls. Im Westen, vom Retzer Raum bis hinunter zum Manhartsberg beziehungsweise nach Zellerndorf, besteht der Untergrund aus kristallinem Urgestein – einem 580 Millionen Jahre altem Granit, der hier inselförmige Kuppen bildet. Dazwischen, und weit bis in den Osten des Weinviertels hinein, finden sich deutlich jüngere (18 bis 11 Millionen Jahre) sandige, tonige Meeresablagerungen des einst weiten Molassemeeres. Von Hohenwarth über Hollabrunn und Mistelbach bis Hohenau zieht sich quer durch das Weinviertel ein Höhenrücken, der vor 10 bis 5 Millionen Jahren aus Schottern der Urdonau geformt wurde.

Falkenstein, der berühmte Weinbauort mit Geschichte: Das Berggericht von 1309 war lange Zeit juristische Oberinstanz in Sachen Wein.

Über alle diese Gesteine wehten eiszeitliche Stürme schließlich jenen lockeren, luftigen, porösen Löss, der die ausgezeichnete Grundlage für fruchtbare Braunerdeböden schuf.

Ebenso abwechslungsreich wie die Bodenbeschaffenheit präsentiert sich auch die Weinviertler Landschaft. Ein stetes Auf und Ab, ein sanftes Wellenschlagen und dazwischen immer wieder heiße Kessellagen, wie zum Beispiel in Mailberg oder in Haugsdorf. Dieser naturgegebenen Vielfalt fügen engagierte Winzer und zunehmend auch Winzerinnen, mit ihrer langjährigen Erfahrung, ihrem kompetenten Fachwissen und viel Idealismus den Weinviertler Weinen Jahr für Jahr erfrischend neue Facetten hinzu.

Der Grüne Veltliner ist der wichtigste und am weitesten verbreitete Wein im Weinviertel, aber auch Sorten wie Welschriesling, Burgunder bis hin zum Traminer erreichen hier hohe Qualitätsstufen. Rotweine gedeihen besonders gut im Pulkautal. Als Rotweinmetropole schlechthin gilt Haugsdorf, wo sich der Blaue Portugieser besonderer Beliebtheit erfreut. Eine weitere Rotweinenklave befindet sich rund um Schrattenberg im Nordosten des Weinviertels. Der Zweigelt, oder „Zweigla" wie die alten Bauern hier sagen, ist der wichtigste Rotwein in dem vom Weißwein dominierten Weinviertel.

Doch wer meint, dass alle Weine in schlanke Bouteillen abgefüllt werden, irrt gewaltig. Vor allem im Raum Poysdorf wird aus Weißwein auch prickelnder Sekt hergestellt und bei hochprozentigen Spirituosen bieten immer mehr Winzer sortenreine Destillate verschiedener Weine an.

Im Viertel unter dem Manhartsberg liegt übrigens nicht nur das Weinbaugebiet Weinviertel (13.356 Hektar), sondern auch der größte Teil des Weinbaugebietes Wagram (2.451 Hektar). Obwohl auch dort ganz exzellente Grüne Veltliner gedeihen, dürfen diese nicht die Herkunftsbezeichnung *Weinviertel DAC* tragen. Übrigens, wer in einem Weinviertler Weinkeller zu Gast ist, möge sich hüten, an ein Weinfass zu klopfen – denn das gilt als unhöflich.

Die Kellergasse am Galgenberg in Wildendürnbach hat seit 1972 ein neues Wahrzeichen:
die Kirchturmspitze der alten Ortskirche.

WEINVIERTEL | 11

Im Winter, der Zeit der Ruhe und des Rebschnitts, steht Herr Breyer in seinem Weingarten in Diepolz vor der Entscheidung: Qualität oder Quantität?

Bunte Netze schützen frisch gesetzte Rebstöcke vor hungrigen Feldhasen.
Nach dem Rebschnitt bleiben an den knorrigen Weinstöcken nur mehr zwei oder drei Reben.

Bald nach den ersten jungen Trieben im April zeigen sich die Weingärten, wie hier bei Stetten, in frischem Grün.

Laubarbeit: Nach der Weinblüte strickt Herr Parbus aus Wolfpassing die langen Reben hinter die Drähte.

Obritzer Kellergasse: Auch im Sommer brauchen Weingärten Pflege.
Jetzt werden Reben entfernt, um Platz für Luft, Licht und Sonne zu machen.

Dieser Weingarten bei Ameis gedeiht prächtig. Doch manchmal trügt der Schein, wenn Gewitter mit Hagel ganze Weinrieden schädigen. Verkümmerte Trauben etwa entstehen durch späten Frost.

Bei der Weinlese im Herbst werden viele Hände benötigt. Wer einmal mitgeholfen hat, möchte dieses freudige Erlebnis nicht mehr missen!

24 | WEIN, WEIN, NUR DU ALLEIN

WEINVIERTEL | 25

Moderne Weintanks des größten Weinviertler Winzers in Untermarkersdorf. Unter dem Retzer Hauptplatz lässt sich der größte Weinkeller Mitteleuropas erkunden.

Roman Pfaffl verkostet den *Weinviertel DAC Reserve* – „Best of Veltliner" des Weinviertels.

Kellergassen, wie jene in Diepolz, laden zu Kellerpartien – wie man im Weinviertel sagt – ein.
Das sind gemütliche Runden, wie hier im Kreuzkeller in Schrattenberg, wo über Gott und die Welt philosophiert wird.

Die Weiten des Marchfeldes

Die Landschaft ist hier völlig eben und somit anders als im sanft hügeligen Weinviertel. Streng genommen müsste das flache Land im Südosten nicht March-, sondern Donaufeld heißen. Denn es war die Donau, die mit ihrem Netz weit verzweigter Flussläufe nach der letzten Eiszeit mächtige Schotterschichten und fruchtbare Böden hinterließ. Sie bilden nun die Grundlage für die reiche Landwirtschaft. Wenn alles klappt, sind hier zwei Ernten möglich; mit ein Grund, dass es vielen Bauern hier besser geht als im „Weinland", das im Norden angrenzt. So verwundert es auch nicht, wenn sich die BewohnerInnen hier voll Stolz als MarchfelderInnen fühlen und nicht als WeinviertlerInnen.

Auch das Marchfeld hat Klischees. Die Bezeichnungen „Gemüsegarten Wiens" und „Kornkammer Österreichs" sind die gängigsten. Einst wurde das Marchfeld vor den Toren Wiens mit dem Vorwurf der Massenproduktion in einer ausgeräumten Landschaft konfrontiert, doch mittlerweile hat sich vieles zum Besseren gewendet. Die Artenvielfalt wurde deutlich erhöht. Neben Spargel, Erdbeere, Salat, Kartoffel und Zwiebel gibt es nun vermehrt auch rare Spezialitäten wie Artischocken, Pilze und sogar Weiderind aus biologischer Landwirtschaft – all das selbstverständlich auch „ab Hof". Wer sich selbst an einem biologisch-dynamischen Landwirtschaftsprojekt beteiligen will, ist beim „Gärtnerhof Ochsenherz" an der richtigen Adresse: Durch den Anbau alter Gemüsesorten wird deren Fortbestand gesichert.

Biodiversität abseits kultivierter Äcker findet man auch in den dichten Auwäldern, die sich von Wien bis zur Marchmündung erstrecken. Diese „grüne Wildnis am großen Strom" wurde bald nach dem Widerstand engagierter Naturschützer gegen den Bau des Kraftwerks Hainburg im Dezember 1984 in Stopfenreuth zum Nationalpark Donau-Auen erklärt und genießt seitdem höchsten Schutzstatus. Aus dem ehemals wehrhaften Schloss Orth ist längst ein modernes Besucherzentrum geworden. Zum Eisvogel gesellte sich die Europäische Sumpfschildkröte als zweites lebendiges Maskottchen des Nationalparks. Urzeitkrebse in den sumpfigen Niederungen an der March, die Storchenkolonie im WWF-Reservat von Marchegg oder sandbewohnende Insekten in den einst gefürchteten Dünen – die Liste geschützter Tiere und Pflanzen ist länger, als man es für eine Agrarlandschaft im Osten der Metropole Wien

Typisch Marchfeld: weite Ebene mit den Kleinen Karpaten in der Slowakei am Horizont.

vermuten würde. Dank des Marchfeldkanals, der es ermöglicht, die Höhe des Grundwasserspiegels genau zu regulieren, hat man nun auch die Probleme mit dem Grundwasser in den Griff bekommen.

Dass im Marchfeld alle Voraussetzungen für einen Garten Eden vorhanden sind, beweist der aufwändig rekonstruierte, barocke Schlossgarten von Schloss Hof. Dieses Vorzeigeprojekt unter den Marchfeldschlössern war einst im Besitz von Prinz Eugen und wurde später von Maria Theresia erworben. Eine andere Lieblingsadresse der Habsburger im Marchfeld war Schloss Eckartsau, wo Kaiser Karl I. weilte, ehe er 1918 seine Reise ins Exil antreten musste. Damit ging die Herrschaft der Habsburger zu Ende, die 1278 mit dem Sieg von Rudolph I. über König Ottokar II. von Böhmen zwischen Dürnkrut und Jedenspeigen – im nordöstlichen Marchfeld – begonnen hatte.

Schon seit jeher kamen kaiserliche Majestäten nicht nur ins Marchfeld, um zu jagen oder um Landpartien zu machen. Das Schicksalsjahr 1809 ist durch zahlreiche Denkmäler und Erinnerungstafeln bis zum heutigen Tag sehr präsent. In der Schlacht von Aspern ging zunächst Erzherzog Karl als Sieger gegen Napoleon hervor. Sechs Wochen später blieb der Korse erfolgreich – die Verluste auf beiden Seiten waren enorm.

In dieser an geschichtsträchtigen Ereignissen keineswegs armen Region kommen Eisenbahnfreunde in doppelter Hinsicht auf ihre Rechnung. Zum einen durch die Bahn, die 1837 erstmals von Wien-Floridsdorf nach Deutsch-Wagram fuhr und zum anderen durch das Heizhaus in Strasshof, wo alte Lokomotiven und Eisenbahnwaggons eine Art Ausgedinge gefunden haben.

Strasshof verzeichnet ähnlich wie das benachbarte Gänserndorf in den letzten Jahrzehnten ein enormes Bevölkerungswachstum. 1961 lebten nur 3.400 Menschen in dieser Bezirkshauptstadt. Heute zählt Gänserndorf bereits mehr als 10.000 EinwohnerInnen. Dort zu wohnen und nach Wien zur Arbeit zu pendeln, ist recht bequem, denn die Schnellbahn benötigt bis Wien-Floridsdorf lediglich eine halbe Stunde.

Trotz der Nähe zur Bundeshauptstadt lag das Marchfeld, ähnlich wie der Norden des Weinviertels, lange Jahre im Abseits. Der Eiserne Vorhang schottete diese Regionen ab. Heute ist es umgekehrt. In den einst sterbenden Grenzregionen kehrte neues Leben ein. Der Brückenschlag über die March zum Nachbarn ist – im wahrsten Sinn des Wortes – gelungen. Davon zeugen nicht nur Brücken bei Schloss Hof und Hohenau, sondern auch die Fähre bei Angern an der March. Per Bahn sind es von Marchegg nach Devínska Nová Ves gerade einmal sieben Minuten und eine Viertelstunde später ist man schon im alten Pressburg, dem heutigen Bratislava, der Hauptstadt der Slowakei.

Mobilität im Marchfeld: hier fuhr Österreichs erste Dampflok und hierher fliegen die meisten Störche, um zu brüten.

Blick vom Sandberg in Devín (Theben) auf die Marchmündung in die Donau, wo sich einst Bernstein- und Nibelungenstraße kreuzten. Im Süden die Hainburger Berge.

Die Marchauen sind heute Teil jenes „Grünen Bandes", das sich entlang des ehemaligen Eisernen Vorhangs durch Europa schlängelt.

Schloss Hof, einst im Besitz des Prinzen Eugen, wurde mit viel Aufwand renoviert. Sehenswert ist auch die weitläufige Gartenanlage mit dem Marchtor, das zu den kostbarsten Eisentoren der Barockzeit zählt.

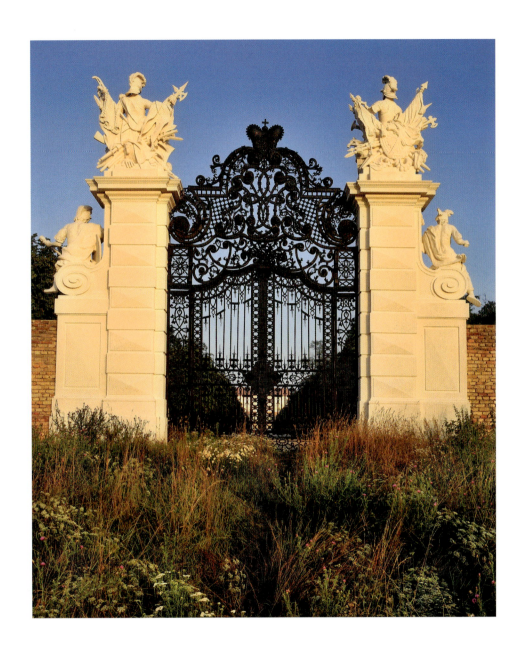

Die weiten Schotterfluren machen das Marchfeld zur „Sandkiste Wiens".
Diese Kiesgrube bei Seyring wird auch als Badeteich genutzt.

38 | DIE WEITEN DES MARCHFELDES

Dampflok-Treffen in Strasshof: Die 52.100er, eine deutsche Kriegslokomotive, kam bereits im Ersten Weltkrieg zum Einsatz.

40 | DIE WEITEN DES MARCHFELDES

Salat kann im Marchfeld zweimal in der Saison geerntet werden.
Der Marchfeldspargel, das kulinarische Aushängeschild der Region, wird täglich frisch gestochen.

In der „Kornkammer Österreichs", wo bereits zweimal **Pflüger-Weltmeisterschaften** stattfanden, gedeihen auch Erdbeeren prächtig.

Buhnen (grobe Steinschüttungen und Schotterbänke), wie hier bei Orth, strukturieren die Donau im Nationalpark.
Die Weikendorfer Remise, das älteste Naturschutzgebiet Österreichs, ist für ihre Sanddünen bekannt.

Ein Lastschiff vor der Kulisse des Nationalparks Donau-Auen.
Die Störche im WWF-Reservat Marchegg bauen ihre Horste auf alten Eichen.
Europäische Sumpfschildkröten beim Sonnenbad im Nationalpark-Zentrum Schloss Orth.

Im kaiserlichen Jagdschloss Eckartsau endete die habsburgische Herrschaft.
Von hier ging Kaiser Karl I. im März 1919 ins Schweizer Exil.

Kanu-Ausflug auf der March. Die Fähre im Hintergrund verbindet Angern mit Záhorská Ves in der Slowakei.

Der Stempfelbach bei Markthof ist der östlichste Teil des rund 100 Kilometer langen Marchfeld-Kanalsystems.

Erdölviertel und Kreuttal

Wie grüne Riegel schieben sich Hochleithenwald und Matzener Wald von der Brünner Straße ostwärts bis zur March. In ihren Ausläufern ziehen sich die Weinstöcke hinunter bis zur fruchtbaren Ebene des Marchfeldes, immer wieder durchsetzt von zahlreichen Erdölpumpen, die seit den 1940er Jahren die Gegend prägen. Viele der traditionellen Weinbaugemeinden wie Pillichsdorf, Groß-Engersdorf, Bockfließ, Auersthal, Matzen bis hin nach Ollersdorf und Stillfried wurden zu „Erdölgemeinden", was einen gewissen Reichtum bescherte.

Das Schwarze Gold liegt mehrere „Stockwerke" tief im Untergrund. Nur wenige wissen, dass es im Raum Matzen ein *giant field* gibt – ein riesiges Erdölvorkommen, das in Mitteleuropa seinesgleichen sucht. Auch wenn der große Boom längst vorbei ist, finanzielle Sorgen muss man sich um die Gemeinden hier in der Erdölgegend nicht machen.

Anders ist die Situation jenseits der Brünner Straße, einer stillen Region die sich bis zur Laaer Straße im Westen hinzieht. Im Kreuttal darf sogar das Wort Sommerfrische in den Mund genommen werden, mit allem, was man sich darunter vorstellt – idyllische Wanderwege, schöne Villen und urige Heurigenbetriebe. Sogar mit der Bahn kann man ins Kreuttal reisen – ähnlich wie ins Kamp- oder Thayatal – nur dass ein Flussbad im Rußbach leider nicht möglich ist. Dafür stehen hier einige idyllische alte Mühlen, wie die Luisenmühle, die seit kurzem in neuem Glanz erstrahlt.

Von Erdöl, Wein und Wanderwegen abgesehen, gibt es in dieser Region noch vieles mehr zu entdecken. In Kronberg zum Beispiel lebte der Künstler Hermann Bauch. Er schuf unzählige Mosaike, Glasfenster in Kirchen und war einer der frühen Erneuerer der Weinviertler Wein- und Kellergassenkultur. Sein „Himmelkeller", ein weit verzweigtes Kellerlabyrinth, war früher ein Fluchtort für die Bevölkerung. Im Nachbarort Riedenthal bietet der kautzig-kreative Haubenkoch Manfred Buchinger Kulinarik der Spitzenklasse. Österreichs bekannteste Krimiautorin, Eva Rossmann, hat ihren Hauptwohnsitz in Auersthal und steht Manfred Buchinger oft als helfende Hand hinter dem Herd zur Seite – sofern sie nicht gerade auf Lesereise weilt. In Schleinbach hat sich der umtriebige Verleger Ulrich

Zu Ehren der Schutzpatronin der Bergleute, der hl. Barbara, wurde bei Prottes das weithin sichtbare Barbarakreuz errichtet.

Winkler-Hermaden niedergelassen, der neben historischen Reprints vor allem Bücher über das Weinviertel im Programm hat. Im benachbarten Ulrichskirchen lebt Ferdinand Altmann, der Obmann des „Kulturbundes Weinviertel", der von vielen als personifiziertes Weinviertel apostrophiert wird.

In Traunfeld prangt über dem Eingang des einstigen Pfarrhofes ein steinernes Relief, auf dem ein Mann mit erhobenem Kreuz zu sehen ist. Es zeigt Pater Haspinger, der, ehe er ins Weinviertel übersiedelte, an der Seite von Andreas Hofer gekämpft hatte. Danach betreute er die Pfarre Heiligenberg, von dem einzig die Kirche erhalten geblieben ist, der dazugehörige Ort soll schon in alter Zeit untergegangen sein. Ein anderer politischer Kämpfer weilte in Unterolberndorf: Yoweri Museveni arbeitete 1985 im Gasthaus „Zum grünen Jäger" die Grundlagen einer neuen Verfassung für Uganda aus, das sogenannte „Unterolberndorfer Manifest". Später wurde Museveni Staatspräsident von Uganda.

Als 1866 die Preußen Richtung Wien drängten, war der Rußbach in Wolkersdorf die Demarkationslinie zwischen den Armeen. Wenige Jahre danach, in den 1870er Jahren, fand der bekannte Volksdichter Ludwig Anzengruber hier bereits wieder Ruhe und Erholung und schrieb die Bauernkomödie *Der G'wissenswurm* und korrespondierte eifrig mit Peter Rosegger.

Nördlich der breiten Waldrücken liegt Gaweinstal, das einstige Gaunersdorf. Obwohl der Name nichts mit „Gaunern" zu tun hat, bemühte man sich noch in der Monarchie um eine Umbenennung. Von Gaweinstal führt ein Stück der alten Brünner Straße nach Norden Richtung Schrick. In Bad Pirawarth eröffnete 1998 ein neues Kur- und Rehabilitationszentrum. Die zahlreichen Skulpturen im gepflegten Kurpark stammen von Prof. Rudolf Knesl, einem berühmten Sohn des Ortes.

Der bekannte Ort Niedersulz liegt am eher unscheinbaren Gerinne namens Sulzbach. Das hier angesiedelte Museumsdorf ist Ziel zahlreicher Ausflügler, die das Lebenswerk des unermüdlichen Josef Geisler bestaunen. Gemeinsam mit Helfern trug der gelernte Restaurator, Bauherr, Baumeister und Maurer in Personalunion aus allen Teilen des Weinviertels Bauernhäuser, Scheunen und Presshäuser zusammen. Im Museumsdorf entstand ein „traditionelles" Weinviertler Dorf aufs Neue – ein Ort lebendigen Weinviertler Brauchtums, Weinviertler Pflanzen, Gärten und vielem mehr.

Fußgängerzone in Wolkersdorf. Pranger in Bockfließ.
Knesl-Skulptur in Bad Pirawarth. Im „Himmelkeller" in Kronberg.

Fixpunkt im Weinviertler Weinherbst: das Pillichsdorfer Kellergassenfest.
In Schloss Wolkersdorf (13. Jahrhundert) nächtigte im Juli 1809 Kaiser Napoleon.

Mit der S-Bahn ist das östliche Weinviertel für Wien-Pendler gut erreichbar.

Bäuerliche Direktvermarkter an der Brünnerstraße (B 7), wie hier in Eibesbrunn,
verloren seit der Eröffnung der Nordautobahn (A 5) im Jahr 2010 viele Kunden.

Auf Weinviertler Wegen: Jogger bei Würnitz; Teilnehmer am mehrtägigen „Weinviertler Glaubensweg" bei Wolkersdorf.

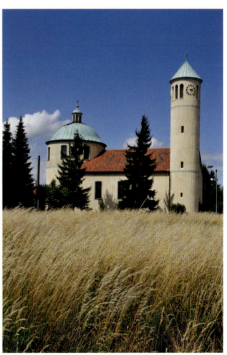

Sakrale Vielfalt im Uhrzeigersinn: Ulrichskirchen, Wolfpassing, Neubau und Heiligenberg. Der Kalvarienberg südlich von Pillichsdorf diente Kaiser Franz I. als Feldherrenhügel.

WEINVIERTEL | **63**

Südmährer-Kirtag im Museumsdorf Niedersulz, wo Traditionen bewahrt und Feste wie früher gefeiert werden.

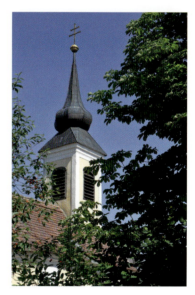

Im Museumsdorf Niedersulz wurde ein altes Weinviertler Bauerndorf neu errichtet.

Beim Ritterfest in Jedenspeigen wird der Sieg von Rudolf I. gegen König Ottokar II. Přemysl im Jahr 1278 inszeniert.
In Schloss Matzen weilte unter anderem Österreichs Friedensnobelpreisträgerin Bertha v. Suttner.

Atzelsdorfer Kellergasse und der Windpark westlich von Schrick.
Lagerhaus und Kirchturmspitze in Niedersulz.

70 | ERDÖLVIERTEL UND KREUTTAL

An der March: Blick Richtung Stillfried.
Die Wallfahrtskirche von Karnabrunn und die runde Rochuskapelle in Mannersdorf an der March.

Am Erdöllehrpfad: historischer Förderturm beim Schneiderkreuz zwischen Matzen und Prottes.

Neue Windräder inmitten der uralten Weinviertler Kulturlandschaft bei Dürnkrut:
weithin sichtbare Symbole gegen den Klimawandel und für eine nachhaltige Energiegewinnung.

Leiser Berge, Mistelbach und Zayatal

Die Leiser Berge, die dank des Buschbergs (491 m) leicht erreichbare Gipfelfreuden mit Panoramablicken bescheren und das Gefühl vermitteln, trotz relativer Nähe zu Wien einen echten Ausflug gemacht zu haben, sind bei Ausflüglern besonders beliebt. Hier befindet sich auch der 1975 eröffnete, kinderfreundliche Wildpark Ernstbrunn mit dem Wolf Science Center Ernstbrunn.

Die kontinuierliche Besiedlung, die sich auf dem Plateau des Oberleiser Berges für die letzten 6.000 Jahre lückenlos nachweisen lässt, ist neben der vielfältigen Kulturlandschaften im einzigen Naturpark des Weinviertels ein weiteres spannendes Thema für Jung und Alt. Obendrein ist das Urgeschichtemuseum Niederösterreich, das im Schloss von Asparn an der Zaya untergebracht ist, nicht weit entfernt. Dort kann man sich genau informieren. Sehenswert ist vor allem der Freiluftbereich, wo unter anderem ein keltisches Heiligtum vom Sandberg bei Platt rekonstruiert wurde. Das alljährlich stattfindende „Hunnenfest" im Schlosspark Asparn ist für viele Familien zu einem Fixtermin geworden. Gleich daneben, im „Filmhof Weinviertel", der im Gutshof des Schlosses untergebracht ist, erfreuen sich nicht nur Cineasten, sondern auch Theater- und Kabarettfreunde eines hochkarätigen Programms. Asparn ist übrigens von Ernstbrunn aus mit der „Weinvierteldraisine" zu erreichen. Dabei muss allerdings selbst in die Pedale getreten werden – eine überaus gesunde Art, um alte Nebenbahnen am Leben zu erhalten.

Versteckt in den Leiser Bergen liegt der verträumte Ort Michelstetten. In der „Michelstettner Schule", Niederösterreichs größtem Schulmuseum, erlangt man binnen einer Stunde die „Michelstettner Matura" und erfährt viel Wissenswertes über das alte Schulwesen vor der Zeit des Personal Computers.

Wo einst Mühlen klapperten, reihen sich die Zaya abwärts so manche kulturelle Highlights. Brennpunkt zahlreicher Aktivitäten im östlichen Weinviertel ist Mistelbach. Die pulsierende Bezirkshauptstadt ist Verkehrsknotenpunkt, Schulstadt und verfügt auch über das größte Spital im Viertel unter dem Manhartsberg. Mistelbach beherbergt die Blau-Gelbe Viertelgalerie und ist seit den 1980er Jahren ein Geheimtipp für Puppenspiele. In den letzten Jahren ist hier das Museumszentrum Mistelbach (MZM) entstanden, wo Hermann Nitsch sein eigenes Museum bekam. Der bedeutende Künstler bewohnt Schloss Prinzendorf an der Zaya. Hinter den vielen kulturellen

Die Radarstation am Buschberg (491m) markiert die höchste Erhebung des Weinviertels.
Im Hintergrund sind die Pollauer Berge in Südmähren zu erkennen.

Aktivitäten, in die auch einzelne Katastralgemeinden miteinbezogen wurden – sehenswert ist zum Beispiel die Kulturlandschaft Paasdorf – steht der langjährige Bürgermeister und Kunstfreund Christian Resch.

Bachabwärts – größer wird die Zaya selbst bis zur Mündung in die March nicht – ist Wilfersdorf der nächste Hotspot. Hier wachsen die Weine des Fürstentums Liechtenstein, gekeltert werden sie in der Hofkellerei in Wilfersdorf. Vom hiesigen Stammschloss der Fürsten führt die Liechtensteinroute/Liechtensteinská stezka RadlerInnen in das UNESCO Kulturerbe nach Valtice und Lednice zu deren südmährischen Latifundien der Monarchen.

Prinzendorf steht heute im Zeichen von Hermann Nitsch. Sein schön renoviertes Schloss und die Landschaft sind Kulisse seines *o.m.theaters* (Orgien-Mysterien-Theaters). Ehe der Meister großer Schüttbilder kam, stand der Bauernort im Banne der Erdäpfel. Pfarrer Eberhardt Jungblut brachte im 18. Jahrhundert die Erdäpfel ins Weinviertel und pflanzte sie in Prinzendorf. Pfarrer Franz Engel „entdeckte" und würdigte im 20. Jahrhundert Jungbluts Verdienste erneut – beiden setzte man hinter der Kirche ein Denkmal.

Anders verhält es sich im benachbarten Neusiedl an der Zaya. Von der Wiege des heimischen Erdöls der 1930er Jahre zeugen heute nur mehr sieben alte Fördertürme als Kulisse für Kunstwerke. Hier setzt man zukunftsträchtig, ganz wie im benachbarten Zistersdorf, auf die Kräfte des Windes. Die langsam drehenden Rotorblätter der hohen Windräder ersetzen zusehends das monotone Nicken der Erdölpumpen.

Das Städtchen Zistersdorf ist auch eine der Erdölmetropolen des Weinviertels. Die Bohrung Zistersdorf ÜT 2a mit 8553 m ist Österreichs tiefste Bohrung – lange Zeit war das Bohrloch auch das tiefste Europas. Historisch betrachtet ist Zistersdorf eine Stadt der Kuenringer, dies mag ebenso wenigen bekannt sein, wie die Zerstörung durch die Kuruzzen, die im 18. Jahrhundert hier einfielen. Abseits der steinernen Mauern ist im benachbarten Gaiselberg die einzigartig erhaltene Hausberganlage sehenswert – nicht feste Mauern, sondern mehrere künstliche Erdwälle und Gräben sollten hier vor Feinden schützen.

Von Westen her begleiten lange Hügelrücken den Lauf der Zaya, die zunehmend in Richtung March verflachen, ganz so, als würden sie hier münden. Dieser Eindruck kommt nicht von ungefähr, denn diese Schotterhügel markieren den Lauf der Urdonau. Einst war das Donaudelta nicht im rumänischen Sulina anzutreffen, sondern im Raum Hohenau im Weinviertel.

Glasbecher (13. Jahrhundert) aus Syrien (Fundort Gaiselberg). Hochbarocke Statue des hl. Nepomuk in Asparn an der Zaya. Wappen der Fürsten Liechtenstein am Schloss in Wilfersdorf. Radfahrer bei Ladendorf.

Der Höhenweg vom Oberleiserberg auf den Buschberg im Naturpark Leiser Berge
ist zu allen Jahreszeiten ein Erlebnis.

Der Oberleiser Berg ist seit 6.000 Jahren besiedelt. Die Wallfahrtskirche (hl. Mauritius) in Oberleis – ein Fixpunkt am „Weinviertler Jakobsweg".

Blick von der Oberleiser Aussichtswarte zum Donaudurchbruch zwischen Bisamberg (links) und Leopoldsberg (rechts).
Hinter dem Waldrücken der Kirchturmspitz von Karnabrunn, im Vordergrund Ernstbrunn.

Vielfalt im Naturpark Leiserberge: Michelstetten mit romanischer Wehrkirche und historischem Klassenzimmer im Schulmuseum bzw. Wolfsgehege des Wolf Science Center (WSC) im Wildpark Ernstbrunn.

Kinderskelette aus Unterhautzenthal (2.000 – 1.600 v. Chr.) im Urgeschichtemuseum Niederösterreich in Asparn an der Zaya.
Die Reitershow beim alljährlichen „Hunnenfest" erinnert an den Einfall asiatischer Reiter im 5. Jahrhundert.

Gnadendorf: Kellergasse an der Flanke der Urdonau, dem heutigen Zayatal.
Blick auf den Leiser Wald nördlich von Ladendorf.

Mistelbach: Das Museumszentrum Mistelbach (MZM) ist u.a. Sitz des Hermann-Nitsch-Museums.
Im Benefiziatenhaus, dem ältesten Haus (15. Jahrhundert), wird schon im Sommer für den Martinimarkt gearbeitet.
Neugeborenes Ferkel bzw. Gänse in der Landwirtschaftlichen Fachschule.

Schloss Wilfersdorf ist Ausgangspunkt der Liechtenstein-Radroute, die zu den Schlössern der Fürsten Liechtenstein in Valtice (Feldsberg) und Lednice (Eisgrub) in Südmähren führt.

Wehrhaftes Grenzland: der Hausberg von Gaiselberg wurde um 1160 als Herrensitz der Kuenringer errichtet.
Der einzige, original erhaltene Wehrturm nördlich der Donau steht in Palterndorf.

WEINVIERTEL | 91

Typisch Weinviertel: nahtloser Übergang von fossilen zu erneuerbaren Energieformen (hier bei Zistersdorf).

In Neusiedl an der Zaya, der Wiege des heimischen Erdöls, wurden die einstigen Fördertürme zu „Feuerland-Skulpturen".

WEINVIERTEL | 93

Das Weinviertel der Großvätergeneration: Kellerschlüssel und Doppler (in der Gaiselberger Kellergasse).

„Genussregion Weinviertler Wild": nicht nur Rehe sind allgegenwärtig, auch Hasen und Fasane.

Vom Land um Laa ins Dreiländereck

Just dort, wo die Welt einst zu Ende schien, war ein symbolischer Akt Signal für eine Wende. Die Rede ist vom Durchtrennen des Eisernen Vorhanges am 17. Dezember 1989 durch die beiden Außenminister Alois Mock und Jiří Dienstbier in Laa an der Thaya. Bis zu diesem historischen Datum bildeten March und Teile der Thaya die Grenze zwischen Österreich und der Tschechoslowakei (ČSSR), lediglich in Drasenhofen und Kleinhaugsdorf gab es internationale Grenzübergänge. Seit 1992, der Geburtsstunde der Tschechischen und der Slowakischen Republik, spricht man im Bereich der Mündung der Thaya in die March vom „Weinviertler Dreiländereck". Ob Reintal, Schrattenberg oder Hohenau, die Zahl der Grenzübergänge stieg stetig. Der einstige Eiserne Vorhang wich üppig wuchernder Natur, dem „Grünen Band"; nur die konservierten Reste martialischer Bunker erinnern an den Kalten Krieg. Ausflüge zu den Schlössern der Fürsten Liechtenstein in Lednice/Eisgrub und in Valtice/Feldsberg sind heute so selbstverständlich, wie einst die Weinkost in der Falkensteiner Kellergasse. Der unbekannte Nachbar wurde zum Freund, Partner und gern gesehenem Gast; viele von „drüben" arbeiten auch hier. Und so verwundert es auch gar nicht, dass ein Radweg den Namen „Hallo Nachbar!" trägt.

Auch die alte Grenzstadt Laa, die vor allem eingefleischten Biertrinkern als Heimstätte des *Hubertus-Bräu* ein Begriff ist, erlebt(e) einen vorher nie für möglich gehaltenen Aufschwung – unbestrittener Höhepunkt ist die Therme Laa. Sie wird seit ihrer Öffnung von Österreichern wie von Gästen aus Tschechien in gleicher Weise geliebt und besucht. Dass dort, wo einst Stacheldraht war, nun ein grenzüberschreitender Golfplatz entsteht, zeigt einmal mehr, dass totgesagte Regionen länger leben.

Die Burgruinen auf den Kalkklippen von Staatz und Falkenstein, einst Teil einer Verteidigungskette längs der Thaya, wurden 1645 von den einfallenden Schweden erobert. So oft in vergangenen Jahrhunderten auch das Land zerstört wurde und kaum Hoffnung war – resigniert hat man hier nie. Vielleicht liegt es daran, dass es immer Menschen gab und gibt, die es verstehen, aus dem Gegebenen das Beste zu machen. So gibt die Ruine der Staatzer Burg heute eine malerische Kulisse für Freiluftaufführungen ab.

Die gepflegte Falkensteiner Kellergasse gehört zu den beliebtesten Fotomotiven des Weinviertels.

Die Schlossherren von Loosdorf sind kreativ; sie versuchten erst gar nicht, die Porzellanscherben des Zweiten Weltkriegs zu beseitigen oder zu kleben – sie stellen sie im „Scherbenzimmer" zur Schau.

Die Bauern setzen im trockenen und flachen „Land um Laa" auf Zwiebel. Diese Feldfrucht wird vor allem in Unterstinkenbrunn angebaut und wird in Zukunft eine noch größere Rolle spielen, das alljährlich im Sommer stattfindende Zwiebelfest am Laaer Stadtplatz ist nur ein erster Schritt. Selbiges gilt auch für den Hanf. Erst vor kurzem „entdeckten" die Hanfthaler die Wurzeln ihres Namens aufs Neue, ein Hanflehrpfad samt Hanfwirt folgten.

Anders beim Wein. Poysdorf, Falkenstein und Herrnbaumgarten sind seit jeher die drei wichtigsten Weintopoi im Nordosten des Landes, wo die Landschaft sanfte Wellen schlägt. Poysdorf, mit dem selbst verliehenen Attribut „Die Weinstadt Österreichs", setzt neben Wein auf Sekt („Sekthauptstadt") und hat im Wappen die „Kundschafter" – zwei Männer, die nach alttestamentarischem Vorbild eine überdimensionale Traube tragen. Wer meint, dass dort, wo der meiste Wein gekeltert wird, die schönsten Kellergassen sind, hat nur bedingt recht. Der Galgenberg in Wildendürnbach, die Loamgrui in Unterstinkenbrunn oder die Loamg´stett´n in Ameis gehören zweifelsfrei zu den idyllischsten Kellerensembles, doch in Sachen Wein können diese Orte mit den großen Playern nur bedingt mithalten.

Auch jenseits der Grenze ist Wein ein großes Thema, vor allem in der Region rund um die Kalkklippen von Mikulov/Nikolsburg. Kein Wunder; bilden sie doch die (geo)logische Fortsetzung der Falkensteiner Berge. Die Unterschiede zwischen hüben und drüben werden immer geringer. Verbindendes hat Vorrang und wird von der EU gefördert, insbesondere zweisprachige Tourismusangebote. Lediglich zahlreiche Südmährergedenkstätten erinnern noch an die dunkle Vergangenheit – an Ausgrenzung und Vertreibung im Jahr 1945.

Wenn es um Kreativität, Witz, (Selbst)ironie und Erfindergeist geht, so müsste man den Herrnbaumgartnern die Ehre der Hauptstadt zuweisen. Der Weinbauer Gottfried Umschaid und der Bildhauer Fritz Gall sind die Väter des „Nonseums", einem Ort, an dem Lachen und Schmunzeln garantiert sind. Geführt wird es vom „Verein zur Verwertung von Gedankenüberschüssen".

So wenig, wie man hier erfrischenden Humor erwarten würde, so überraschend ist im benachbarten Schrattenberg der Rotweinanteil, der bei unglaublichen 40 Prozent im Weißwein dominierten Weinviertel liegt.

Wer mit einem Segelflugzeug landen will, ist in Altlichtenwarth willkommen. Wer die Bahn bevorzugt, findet in Bernhardsthal eine dreibogige Ziegelbrücke, auf der seit 1839 die Züge der Nordbahn verkehren; errichtet hat sie Carl Ghega, der später die Semmeringbahn erbauen sollte. Zwei Stationen weiter im Süden liegt Hohenau, wo bis 2006 eine Zuckerfabrik in Betrieb war.

Ähnlich wie in Hardegg, wo sich Österreichs kleinster Nationalpark befindet, bildet auch hier die Thaya die Grenze zum Nachbarn. Wo die Thaya in die March mündet, wären alle Voraussetzungen für einen trilateralen Nationalpark zwischen Österreich, Tschechien und der Slowakei gegeben. Hier in der einzig naturnahen Tieflandflusslandschaft Österreichs, dem westlichsten Vorposten des kontinental-pannonischen Raumes, ist die Artenvielfalt der Flora und Fauna besonders groß.

Sauschädel-Fresko im Poysdorfer Eisenhuthaus (1540). Sonnwendfeuer auf der Staatzer Burgruine.
Die künstliche Ruine der Hanselburg in Loosdorf. Nomen est omen: Hanf in Hanfthal.

Schloss Hagenberg, einst im Besitz der Sinzendorfer, war in den 1960er Jahren ein Refugium des Literaten Konrad Bayer.
Blick in den Innenhof von Schloss Loosdorf.

Laa an der Thaya: Das Rathaus wurde 1898/99 anlässlich des 50jährigen Regierungsjubiläums Kaiser Franz Josefs errichtet.

Exkursion auf ein Zwiebelfeld im Rahmen des Laaer Zwiebelfestes. Bier wird in Laa schon seit 1454 gebraut.

Die schroffe Staatzer Klippe ragt dank tektonischer Kräfte wie ein Berg aus der Ebene.
Die Kellergasse am Galgenberg in Wildendürnbach ist selbst im Winter ein lohnendes Ziel.

Architektonische Besonderheiten: Kellerabgang in Unterstinkenbrunn; archaisches Presshaus in Ameis.
Weites Land: Blick von der Ameiser Kellergasse nach Norden.

Poysdorfer Quartett: Kellergasse Radyweg. Die „Kundschafter" – seit 1582 auch im Poysdorfer Wappen.
Weinviertler Kreuzweg von Lothar Ä. Heinzle in der Passionskapelle. Kellergasse Rösselberg.

Die frühbarocke Kirche von Poysdorf wurde 1645 von den Schweden als Festung ausgebaut, 1677 diente sie dann den Poysdorfern als Zufluchtsort.

Die Burgruine Falkenstein, einst Teil einer wehrhaften Kette von Burgen im Norden des Landes, wurde 1645 von den Schweden zwar erobert, aber nicht zerstört.

Die Falkensteiner Pfarre gehört zu den 13 Babenberger Mutterpfarren. Neben dem spätromanischen
Turm stehen auf der Giebelfassade die Statuen von Jesus Christus und den zwölf Aposteln.
Die spätbarocke Rathausfassade zeigt den Falken im Wappen.

WEINVIERTEL | 113

Blick von Klein-Schweinbarth auf Nikolsburg (Mikulov) am Fuße der Pollauer Berge (Pavlovské vrchy),
die geologisch mit den Klippen von Staatz und Falkenstein ident sind.
Klippenstürmer auf der Klippe des Schweinbarther Berges.

Großkrut: einst Wehrturm (11. Jahrhundert), nun Kirchturm. Schrattenberg: barocke Dreifaltigkeitssäule (um 1737) vor der klassizistischen Kirche.

WEINVIERTEL | 117

Bernhardsthal: Eisenbahnbrücke von Carl Ritter v. Ghega über die größte Weinviertler Wasserfläche.
Herrnbaumgarten: ausrollbarer Zebrastreifen vor dem „Nonseum".
Hohenau an der March: herbstliches Marchidyll.

Vom Retzer Land ins Pulkautal

Manche betrachten die Retzer Windmühle als Wahrzeichen des Weinviertels, andere die ungezählten Weinkeller und Kellergassen im Viertel unter dem Manhartsberg – doch wer sagt, dass ein Land nur ein Wahrzeichen haben darf? In und um Retz ist beides zu finden.

Noch etwas hat Retz: den schönsten Hauptplatz des Weinviertels mit wunderbaren Renaissancefassaden und das größte Weinkellerröhrenlabyrinth des Landes. Wer einmal hier ist, sollte die Stadt als Ausgangspunkt für einen Ausflug zum Znaimer Nachbarn nutzen und auch gleich einen Sprung in den Nationalpark Thayatal/Podyjí machen – eine gelungene Form bilateraler Kooperation auf dem Gebiet des Naturschutzes. Sowohl Tschechen wie auch Österreicher machten gemeinsame Sache: sie schufen beiderseits der hier tief in den Felsuntergrund eingeschnittenen Thaya einen Nationalpark und ließen der Natur freien Lauf.

Retz hat in vielen Bereichen eine Vorreiterposition im Weinviertel übernommen und das nicht erst seit dem Fall des Eisernen Vorhanges. Bereits 1974, damals fuhr man nur ins Weinviertel, um Verwandte zu besuchen oder Wein im Doppler (Zwei-Literflasche) zu kaufen, öffnete man die Pforten zum Retzer Untergrund. Heute gehört der Besuch des *Retzer Erlebniskellers* zum Pflichtprogramm jeden Gastes.

Dieser frühe touristische Wagemut hat sich – retrospektiv betrachtet – gelohnt. Bereits 1991 setzte man auf das Fahrrad als Fortbewegungsmittel, mit dem Ziel, Land und Leute ganz individuell kennenzulernen. Es folgten grenzüberschreitende Radwege zum Znaimer Nachbarn, Fritz Hurtl eröffnete ein Fahrradmuseum und mit dem Kürbisfest Ende Oktober wurde Halloween im Weinviertel salonfähig. Seither gilt: „Komm ins Retzer Land und bring einen Kürbis zum Leuchten!". Kellergassen – allen voran jene von Zellerndorf mit dem klingenden Namen Maulavern – geben hier eine schöne Kulisse ab.

Leopold Bischinger aus Watzelsdorf „entdeckte" in den 1980ern, dass auch im Weinland Kürbisse gut gedeihen. Exportierte man zunächst das Gros der Kürbiskernernte in die Steiermark, werden heute Kürbiskerne und das schwarze Kernöl auch im Weinviertel und auf Wiener Märkten feilgeboten. Dass man die „Bliza", wie man

Weinviertler Wahrzeichen: Die Retzer Windmühle ist dank umfangreicher Renovierungen wieder einsatzbereit.

sie im Weinviertler Dialekt nannte, auch verspeisen kann und heute auch auf den Speisenkarten der Haubenlokale zu finden sind, hätten die alten Weinviertler wohl nie gedacht. Für sie war Kürbis lediglich Tierfutter. Auch dem letzten Gurkeneinleger der Region, Franz Neubauer, der heute auch Kürbisse einlegt, begegnet man hier.

Wie sehr sich die Zeiten ändern, zeigt die Pulkau. Dieses kleine Bächlein, gleichzeitig auch Namenspate für das idyllische Städtchen Pulkau, mäandrierte einst in der Niederung Richtung Laa an der Thaya. Sümpfe – der Name des Ortes Seefeld kommt nicht von ungefähr – und fallweise sogar Überschwemmungen, bereiteten den Bauern viele Mühen. Kirchen, wie jene von Pulkau, Peigarten oder Zellerndorf baute man an den erhöhten Talflanken. Im agrarischen Fortschrittsglauben regulierte, begradigte und entwässerte man die Region in den 1960er Jahren. Mittlerweile räumt der größte Landwirt des Landes, Maximilian Hardegg, der Natur und der Pulkau wieder mehr Raum ein. Biotope, Wassergräben und Hecken prägen zunehmend die Landschaft im unteren Pulkautal.

Dieses beschauliche Tal erkundet man am besten per Fahrrad oder per pedes. Nicht nur, weil hier der alljährliche Höhepunkt der Bizyklisten unter dem Motto „Ein Tal am Rad" stattfindet, sondern weil sich hier Ortstafeln an Ortstafeln reihen und man ohnehin nicht schneller als 50 km/h fahren darf. Das ist gut so, denn dieses Tempo entspricht jenem von „Inspektor Polt". Der legendäre Landgendarm von Alfred Komarek, dessen Krimis hier im Wiesbachtal, soviel dichterische Freiheit sei gestattet, spielen, bewegt sich auf einem Steyr Waffenrad fort.

Dass die Retzer Windmühle nicht nur als Fotomotiv taugt, sondern dort auch wieder Brot gemahlen wird, ist u.a. der nimmermüden Therese Bergmann zu verdanken. Brot und Wein liegen eng beisammen; nicht nur weil die Bergmanns nebst ihrer Windmühle auch eine empfehlenswerten Heurigen betreiben, sondern weil sich die Bauern ihr Brot, sprich den Lohn der Arbeit das Jahr über hart verdienen müssen. Wer es wissen will, dem sei empfohlen: „Rent a rebstock!" Zunächst gilt es tatkräftig selber mit anzupacken. Laubarbeit, Weinlese sind die Fixpunkte vor der Abfüllung des „eigenen" Weines.

Wer Lust hat, ein paar Tage in der Region zu verweilen, findet im Retzer Land und im Pulkautal ein besonders breit gefächertes Übernachtungsangebot. Eine noble Adresse ist das Schlosshotel Mailberg mit dem haubengekrönten Restaurant Schlosskeller. Das geschichtsträchtige Haus befindet sich seit 1146 im Besitz des Souveränen Malteser-Ritter-Ordens. Inmitten der Weinstadt Retz liegt das Hotel Althof, ebenfalls ein Wein-Landgut der Vier-Sterne-Kategorie. Auf der idyllischen „Königstigeralm" hingegen vermietet der Winzer Norbert Bauer hoch über Haugsdorf sein uriges Kellerstöckl – ohne Stromanschluss, dafür aber mit Weitblick bis zum Schneeberg.

Noch was: Rund um Haugsdorf, Jetzelsdorf, oder wie die Orte im mittleren Pulkautal alle heißen, sollte man Rotwein, bevorzugt Blauen Portugieser trinken, der hier eine Insel im Weißweinviertel des Grünen Veltliners bildet.

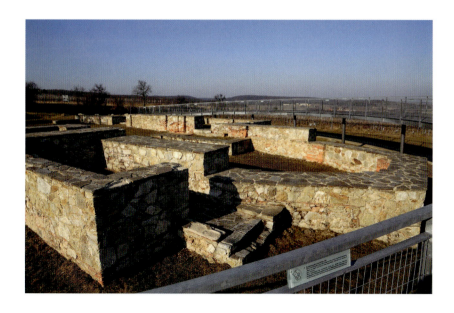

Kirchen-Grundmauern und Kuhschellen beim Heiligen Stein in Mitterretzbach.
Das Retzer Land wurde auch zum „Kürbisland". Pulkauer Flügelaltar: Meisterwerk der Donauschule.

Burg, Kirche, Karner und Wohnhäuser in Hardegg, der kleinsten Stadt Österreichs.

Thayabrücke in Hardegg: zwischen dem Nationalpark Thayatal und dem tschechischen Národní park Podyjí.

Blick vom Heiligen Stein über Mitterretzbach nach Osten.
Heiliger Stein: in der Barockzeit ein Wallfahrtsort. Heute gilt der Platz rund um den Schalenstein als „Ort der Kraft".

Wald & Wein: An Sommerwochenenden pendelt der „Reblaus Express" zwischen der Weinstadt Retz und dem Waldviertler Städtchen Drosendorf.

Über dem Golitsch, einer von Löss umhüllten Granitkuppe südwestlich von Retz, braut sich ein Sommergewitter zusammen.

Zwei Retzer Windmühlen: eine fürs Getreide, die andere zum Wohnen.
Am Retzer Hauptplatz: Dreifaltigkeitssäule und Rathausturm, der einst ein Kirchturm war.

WEINVIERTEL | 131

Retz-Blick vom Golitsch: Rathausturm und Zwiebeltürmchen des Schlosses der Familie Suttner-Gatterburg.

Pulkau-Blick von Süden: Stadtpfarrkirche St. Michael und romanischer Karner (um 1250) mit gotischen Giebelspitzen.

Kellergassen in Zellerndorf und Kellerdetail in Haugsdorf (links unten).

Die Haugsdorfer Hüatahütte vom Hutberg aus gesehen bzw. vom Schatzfeld nördlich von Alberndorf (rechts).

Spätherbstlicher Haugsdorf-Blick vom Hutberg ins weite Pulkautal.

Kultureller Fixpunkt in Haugsdorf:
das Kellergassenfest „Kunst & Wein".

Die Obritzer Kellergasse an der Südflanke des Pulkautales.
Blick auf den Steinberg und den dahinter liegenden Buchberg.

Mailberg: Das Malteserschloss liegt inmitten des Weinbaugebiets „Mailberg Valley".
Beim Dorfwirt wurden Szenen der legendären „Polt"-Krimis gedreht.

Eggenburg, Schmidatal und Hollabrunn

Zwei weite Täler, zwei Bahnlinien und zwei gut ausgebaute Autostraßen prägen die Westregion. Die Horner Bundesstraße führt über Maissau ins Waldviertel, die Weinviertler Schnellstraße via Haugsdorf nach Znaim zum tschechischen Nachbarn.

Sich mit der Geschwindigkeit von damals entlang der alten Postrouten durch die alten und liebevoll restaurierten Orte zu bewegen, ist ein Erlebnis für sich. Ganz im Westen, abseits der „Horner", liegt die mittelalterliche Stadt Eggenburg. Sehenswert sind die vollständig erhaltene Stadtmauer, das historische Ensemble am und um den Hauptplatz, das 1902 eröffnete Krahuletz-Museum und vieles mehr. Besagtes Museum beherbergt die reichhaltigen Sammlungen des umtriebigen Heimatforschers Johann Krahuletz (1848–1928), der einst mit dem *Who is Who* der internationalen Forschergemeinschaft korrespondierte. Eggenburg ist – historisch betrachtet – dank des hier vorkommenden Zogelsdorfer Kalksandsteins eine Steinmetzmetropole. Der „Weiße Stein" wurde vor allem in der Barockzeit im großen Stil abgebaut. Nach der Reformation hatte man großen Bedarf an Heiligenstatuen, an barocken Steinengerln, Stiegengeländern und anderen Architekturbauteilen. Die hiesigen Steinmetze nutzten die Gunst der Stunde und lieferten bis ins ungarische Fertöd. Eggenburg wurde zur Marterlmanufaktur der Ostregion.

Mit Steinen anderer Art, sprich Kristallen, schmückt sich nun das benachbarte Maissau. Das Maissauer Amethystvorkommen wurde nach allen Regeln touristischen Marketings mit Edutainment erschlossen. Eingebettet ist die Amethystader in hartem Granit. Dieses „Waldviertler"-Gestein schiebt sich hier zungenartig ins Weinviertel vor. Besonders sehenswert sind die Kogelsteine, für manche sogar ein „Ort der Kraft". Umgeben sind diese granitenen Landzungen und Inselberge von weiten Weingärten. Kein Wunder also, dass Röschitz und Stranig, um nur zwei Orte zu nennen, ganz wichtige Weinadressen sind. Da es hier vielerorts schöne Kellergassen gibt, ist die Weinkost vor Ort gleich ein doppeltes Vergnügen. Legendär sind die Lössschnitzereien im Röschitzer Weberkeller. Drei Generationen Weberischer Weinbauern schnitzten bedeutende Köpfe der Weltgeschichte in den Löss.

Im oberen Schmidatal ist der stille Ort Sitzendorf an der Schmida ein entdeckenswertes Ziel, die schönen Häuser rund um den großen Marktplatz erinnert an bessere Zeiten. Ein wenig weiter die Schmida abwärts folgen Ziersdorf und Großweikersdorf. Wer würde in Ziersdorf, das heute großräumig umfahren wird, einen Konzertsaal, das nunmehrige *Konzerthaus Weinviertel*, ganz im Stil des Jugendstils, vermuten? Das Etablissement galt einst als „schönster Ballsaal

Schloss Maissau, seit 1526 im Besitz der Grafen Abensperg-Traun, an der Grenze zwischen Wald- und Weinviertel.

zwischen Wien und Prag". Apropos Musik, in Ruppersthal erblickte der große Barockkomponist Ignaz Pleyel das Licht der Welt. Im benachbarten Großweikersdorf lohnt es sich, Marktplatz samt spätbarocker Kirche zu besuchen, sie geht auf Joseph Emanuel Fischer von Erlach zurück.

An den westlichen Flanken des breiten Schmidatales liegt der Heldenberg. Nein, kein Berg im klassischen Sinn, vielmehr eine riesige Anlage, den Kriegshelden der Monarchie gewidmet. Bedeutendster Held dieses österreichischen Walhallas ist Feldmarschall Radetzky, der hier am 19. Jänner 1858 beigesetzt wurde. Damit löste der Stratege ein Versprechen gegenüber dem Erbauer des Heldenberges, Joseph Gottfried Pargfrieder, ein. Der dortige Kreisgraben ist ein Remake und Relikt der Landesausstellung des Jahres 2005.

Quasi gleich ums Eck liegt der kleine Ort Radlbrunn, bekannt u.a. für den originalgetreu renovierten Brandlhof, in dem Volkskultur gepflegt wird.

Im Tal des Göllersbaches, der bei Stockerau in die Donau mündet, liegt der Ort Göllersdorf. Für die hiesige Pfarrkirche, die Loretto-Kapelle im Norden des Ortes und das Schloss, das auf grüner Wiese nahe Obermallebarn errichte wurde, zeichnet kein Geringerer als Lukas von Hildebrandt verantwortlich. Auftraggeber des berühmten Barockarchitekten war Reichsvizekanzler Friedrich Karl Graf von Schönborn, feinsinniger Kunstmäzen und einer der reichsten und einflussreichsten Männer seiner Zeit. Auch die Gotteshäuser von Aspersdorf und Stranzendorf sind Hildebrandt-Kirchen.

Die Bezirkshauptstadt Hollabrunn ist mit einer Fläche von 152 km² und 23 Katastralgemeinden die größte Kommune im Weinviertel und mit rund 5.000 SchülerInnen eine der bedeutendsten Schulstädte in Niederösterreich. Richtung Norden fahrend, lohnt es sich, in Schöngrabern Halt machen, die romanischen Reliefs der Pfarrkirche sind ein Muss. Guntersdorf wartet mit dem TWW, dem „Theater im Westlichen Weinviertel" auf. In Wullersdorf würde man wegen der großen Kirche meinen, in einem bedeutenden Wallfahrtsort zu sein – von wegen! Wallfahrten führen Pilger ins benachbarte Maria Roggendorf, wo sich zahlreiche Gläubige jeden 13. des Monats treffen, um der hl. Maria ihre Sorgen und Nöte, aber auch ihre Dankbarkeit anzuvertrauen. Ein nahezu unbekannter Ort der Besinnung ist – ganz versteckt im Eichenwald zwischen dem Tal des Göllersbaches und dem Schmidatal – Klein Maria Dreieichen.

Kartoffelfeld bei Stranzendorf. Gedenkstätte an die Revolution 1848/49 in Heldenberg.
Fossiles Rüsseltier im Eggenburger Krahuletz-Museum. „Memento mori" in Großweikersdorf.

Eggenburg: „Mittelalter(fest)liches Ferngespräch".
Die gotische Stefanskirche mit den romanischen Türmen ist eine
der bedeutendsten mittelalterlichen Pfarrkirchen Österreichs.

Der Manhartsberg, ein lang gezogener, bewaldeter Höhenrücken,
trennt das Wald- vom Weinviertel.

Tabernakelpfeiler aus Zogelsdorfer Kalksandstein. Der „Weiße Stein" begründete zur Barockzeit den Reichtum der Eggenburger Steinmetze.

Grafenberg: Die Kogelsteine ragten einst als Inseln aus dem „Eggenburger Meer".

WEINVIERTEL | 153

 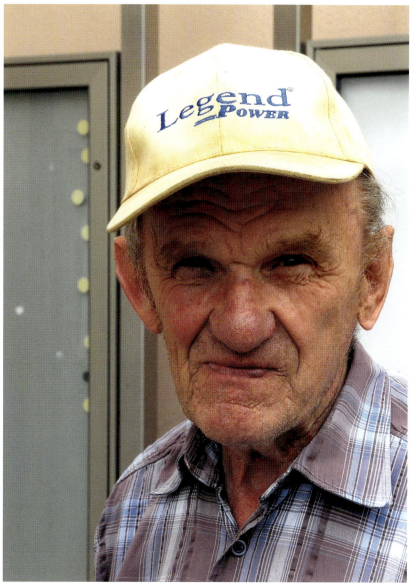

Röschitzer Gesichter: aus Zogelsdorfer Stein bei Roseldorf; aus Löss im Weberkeller und „in natura" aus dem Röschitzer Alltag.

Kelten im Weinviertel: Pfosten markieren die Grenze der größten keltischen Freilandsiedlung Österreichs am Sandberg bei Platt. Großtrappen lassen sich mit etwas Glück vom Wartberger Kirchenhügel aus beobachten. Die Zahl dieser seltenen Vögel nimmt in Österreich wieder zu – dank eines Schutzprojektes, an dem sich auch der Hochspannungsnetzbetreiber APG beteiligt.

Neolithikum im Weinviertel: Ausblick vom Pangratz (Hausberg) bei Kleedorf auf den doppelten Kreisgraben bei Puch.

Wullersdorf: Die barocke Pfarrkirche, von Jakob Prandtauer begonnen und von Joseph Munggenast vollendet, erhielt ihre Türme erst 1865.

Die Kirche von Aspersdorf wurde 1730 von Lukas von Hildebrandt im Auftrag von Reichsvizekanzler Friedrich Karl Reichsgraf von Schönborn erbaut.

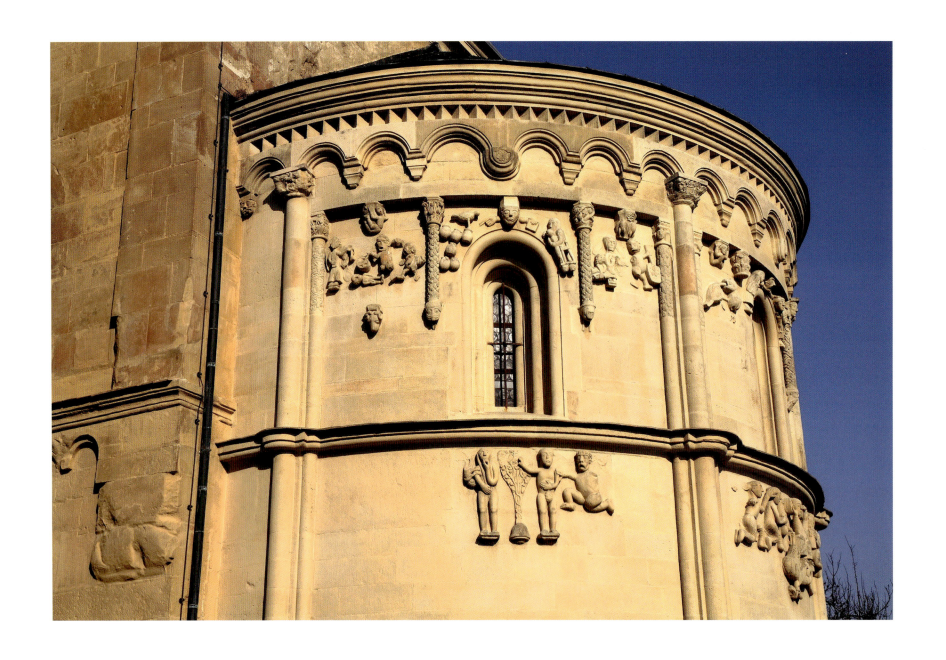

„Steinerne Bibel": Die romanischen Reliefs an der Apsis der Kirche von Schöngrabern zeigen unter anderem den Sündenfall Adams.

Wasserrückhaltebecken und Refugium für Zugvögel an der Weinviertler Schnellstraße bei Schöngrabern.

Weitblick von Nursch auf Schloss Ernstbrunn im Norden.

Tiefblick auf Nursch. Am Horizont ist die Radarstation am Buschberg zu erkennen.

Herbstliche Erntezeit bei Göllersdorf.
Marterl aus dem Jahre 1679 südlich von Herzogbirbaum.

Jugendstil im Weinviertel: Villa in Sitzendorf an der Schmida.
Bürgerhaus des Otto Wagner Schülers Hugo Wanderley am Hollabrunner Hauptplatz.

Längs des Wagrams nach Wien

Im Südwesten des Weinviertels bilden die Weingärten ein schier endloses grünes Meer. Die westliche Grenze zum Waldviertel ist klar definiert. Der bewaldete Manhartsberg zieht als Höhenrücken Richtung Süden und lässt keine Zweifel am „Viertel unter dem Manhartsberg", dem Weinviertel, aufkommen. Folgt man dem kaum wahrnehmbaren Gipfel (537 m) nach Süden, wird das Land flacher. Klarerweise ist auch das Straßertal dem Weinviertel zuschlagen. Der Nachbarort Hadersdorf am Kamp nennt sich „Tor zum Kamptal". Kommt man von der anderen Seite, wird der Ort mit dem malerischen Marktplatz zum „Tor ins Weinviertel". Somit ist zusammen mit dem nahen Grafenegg, einem Märchenschloss wie es im Buche steht, die Grenze festgelegt.

Das „wirkliche" Weinviertel erhebt sich im Norden mit einer deutlichen Höhenstufe: dem Wagram. Ob Fels, Kirchberg oder Stetteldorf, im Südwesten des Weinviertels tragen viele Orte, egal ob sie nördlich oder südlich oder sowohl südlich als auch nördlich liegen, dieses Attribut. Weinkennern genügt ein schlichtes „W", das hier allgegenwärtige Markenzeichen der Weinbauregion Wagram, um sich im Lössland zurechtzufinden. In der Tat sind nirgendwo die Losswände höher und die Hohlwege tiefer als am Wagram.

Die wichtigste Adresse der Wagramwinzer ist die Gebietsvinothek in Kirchberg am Wagram mit ihrer modernen Architektur. Ein anderes Architekturjuwel des Ortes und zugleich Landmarke liegt an der Kante des Wagrams, die hochbarocke Wallfahrtskirche Maria Trost.

Das Hinterland besitzt ein schier unendliches Rebenmeer. Von Fels am Wagram ziehen sich die Weinstöcke in langen Reihen leicht bergauf zum Rücken des Manhartsbergs mit seinen kristallinen Gesteinen. Aus Mühlbach am Manhartsberg stammt im Übrigen der Doyen der Weinviertler ui-Mundart, Joseph Misson (1803–1875). Sein schindelgedecktes Geburtshaus kann besucht werden.

In südöstlicher Richtung liegen die Weinorte Hohenwarth, Gösing und Großriedenthal – der Name sagt bereits alles! Hohenwarth erkennt man von weitem am Kirchturm mit rotem Satteldach. Gösing, ein verträumter Bauernort, bietet schöne Südblicke bis zur Alpenfront. Zurück in das Tullner Feld geht es über Ober-, Mitter- und Unterstockstall. Oberstockstall ist in zweifacher Weise lohnend:

Blick vom Waschberg auf Burg Kreuzenstein und den Bisamberg. In der Niederung Korneuburg mit Kirche und Rathaus und in der Ferne Wien.

Für Gourmets, weil hier die Familie Salomon auf höchstem Haubenniveau kocht und für Freunde der Alchemie, zumal man in der Sakristei der hiesigen Schlosskapelle ein vollständiges Alchemistenlabor fand. Selbst 30 Jahre nach seiner zufälligen Entdeckung sind noch lange nicht alle Fragen beantwortet.

Zentraler Ort und Bahnknotenpunkt im nördlichen Tullner Feld ist Absdorf, das für die Station „Absdorf-Hippersdorf" bekannt ist, an der die Franz-Josephs-Bahn nach Norden abzweigt.

Stockerau ist mit mehr als 15.000 Einwohnern die bevölkerungsreichste Stadt und liegt damit noch vor der benachbarten Bezirkshauptstadt Korneuburg. Historisch betrachtet punktet Stockerau mit dem hl. Koloman und Korneuburg mit der Sage des Rattenfängers. Ob Kultur oder Industrie, beide Städte ergänzen einander und haben internationale Bedeutung.

Qualmende Schlote wird man weder da noch dort finden, wenngleich der Rauchfang des Kraftwerks Korneuburg, in der Donauenge zwischen Bisamberg und Leopoldsberg, vielen als Orientierung dient.

Auch hier gilt es im Hinterland viel zu entdecken. In Stetten grub man ungefähr 20.000 Austern mit dem stolzen Alter von 16,5 Millionen Jahren aus. Gar nicht weit entfernt erhebt sich am Horizont die Burg Kreuzenstein, eine romantische Burg des 19. Jahrhunderts. Sehenswert ist auch das Interieur, ein Sammelsurium des einstigen „Kavaliers von Wien", Johann Nepomuk Graf Wilczek.

Wer den besten Weitblick genießen möchte, dem seien Wasch- und Michelberg empfohlen. Beide sind lohnende Wanderziele; Orte zum Ausspannen, zum Innehalten fernab hektischer Urbanität. Aus dieser Gegend, konkret aus Niederhollabrunn, stammt der bekannte Lyriker Theodor Kramer.

Hier gibt es in der Ebene eine seltene Häufung von Mugln, 10 bis 16 m hohe Mini-Berge, Leeberge in der Fachsprache und in Wahrheit hallstattzeitliche Grabmale. Der größte dieser geheimnisvollen Leeberge gab dem Ort Großmugl seinen Namen.

Sakrales Weinviertel: Kruzifix bei Königsbrunn. Kapelle am Michelberg. Wallfahrtsbild in Haselbach. Kruzifix bei Enzersfeld.

Daniel Spoerris „Haderer" am Hauptplatz von Hadersdorf am Kamp.

Schloss Grafenegg zählt zu den gelungensten Beispielen des romantischen Historismus in Österreich und liegt inmitten eines riesigen Parks an der Grenze zwischen Wein- und Waldviertel.

Lindenallee zwischen Hatzenbach und Sierndorf nördlich von Stockerau.

Der 1518 vollendete Flügelaltar in der Sierndorfer Schlosskapelle ist ein wenig bekanntes Kunstwerk des ausgehenden Spätmittelalters.

Stockerauer City: urbanes Einkaufsflair in der größten Stadt des Weinviertels.
Stockerauer Wahrzeichen: zweithöchster (88m) Kirchturm Niederösterreichs.

178 | LÄNGS DES WAGRAMS NACH WIEN

Vor Haselbach: Kartoffelacker am Fuße des Michelberges.
Sommerlandschaft bei Roseldorf und bei Großmugl.

Großmugl: Blick auf den hallstattzeitlichen Leeberg.
Ausblick vom 16 m hohen „Mugl" Richtung Osten.

Hochspannungsleitungen bei Stetten. Das Umspannwerk Bisamberg, betrieben von Österreichs überregionalem Stromnetzbetreiber Austrian Power Grid AG, zählt zu den wichtigsten Knotenpunkten im heimischen Hochspannungsnetz.

2050 sollte nahezu der gesamte Strombedarf aus erneuerbaren Energien gewonnen werden. Alleine die Windkraftleistung wird sich in den nächsten Jahren verdreifachen. Dafür werden gut ausgebaute Übertragungsnetze benötigt.

WEINVIERTEL | 183

Ein und dieselbe Heckenlandschaft im Gaßlgraben bei Harmannsdorf im Wechsel der Jahreszeiten.

WEINVIERTEL | 185

Hagenbrunn: „Das Feuer – Die Liebe" von John Raimondi auf dem Skulpturenweg „My Way" im beliebten Heurigenort vor den Toren Wiens.

Kellergassenfest in Enzersfeld im Weinviertel.

Der Rattenfängerbrunnen vor dem Korneuburger Rathaus.

Am Wochenmarkt vor dem Rathaus bieten Bauern aus der Umgebung von Korneuburg ihre Produkte an.

„Coming Home": Ein Gänsegeier der Adlerwarte Kreuzenstein vor der Kulisse Wiens.
Schwäne über den Stockerauer Auen; am Donauradweg bei Korneuburg.

Dankesworte

Im Namen des Verlegers Hubert Krenn und des Textautors Thomas Hofmann, möchte ich mich bei all jenen namentlich nicht genannten Personen herzlich bedanken, die durch ihre Gastfreundschaft oder Anregungen viel zum Gelingen dieses Buches beigetragen haben.

Darüber hinaus ist es mir ein Bedürfnis, einige Menschen besonders hervorheben, ohne deren Engagement dieser Weinviertel-Bildband nicht in dieser Form hätte erscheinen können: Ulrike Hager vom Weinkomitee Weinviertel ist uns bei allen Fragen zum Thema Wein mit Rat und Tat beiseite gestanden. Hannes Weitschacher hat mich beauftragt, in Hinblick auf die Landesausstellung 2013 das Bildarchiv der Tourismusdestination Weinviertel zu aktualisieren. Dadurch war es mir möglich, das Weinviertel über einen Zeitraum von mehr als zwei Jahren immer wieder aufs Neue zu erkunden und zu allen Jahreszeiten jeweils mit neuen Augen zu sehen.

Die Austrian Power Grid AG, die Windkraft Simonsfeld AG und die Weinviertel Tourismus GmbH haben durch Ankaufszusagen bzw. großzügige finanzielle Unterstützungen wesentlich dazu beigetragen, dass dieser Bildband in diesem Umfang und in dieser Ausstattung erscheinen konnte.

Reinhard Mandl / Bildautor

P.S.: Detaillierte Informationen über das Weinviertel finden Sie in Thomas Hofmanns Reiseführer „Das Weinviertel und das Marchfeld" (3. Aufl. 2012) in der *Reihe Falters Feine Reiseführer*. Weitere Weinviertel-Fotos finden Sie unter http://yuki-foto-diary.blogspot.co.at.

Adressen

Weinviertel Tourismus
Kolpingstraße 7
2170 Poysdorf
+43 (0)2552/3515
www.weinviertel.at

Tourismusinfo & Krahuletz-Museum Eggenburg
+43 (0)2984/3400
www.eggenburg.at

Gästeinformation & Weinmarkt Poysdorf
+43 (0)2552/20371
www.poysdorf.at

Retzer Land
+43 (0)2942/200 10
www.retzerland.at

March-Thaya-Auen
+43 (0)2535/311 61
www.marchthayaauen.at

Regionales Weinkomitee Weinviertel
+43 (0)2245/82 666
www.weinvierteldac.at

Weinquartier Retz
+43 (0)2942/20488
www.weinquartier.at

Hotel Althof Retz
+43 (0)2942/3711
www.althof.at

Schlosshotel Mailberg
+43 (0)2943/30301
www.schlosshotel-mailberg.at

Veltlinerhof in Poysdorf
+43 (0)2552/2194
www.veltlinerhof.com

Eisenhuthaus in Poysdorf
+43 (0)2552/2194
www.eisenhuthaus.com

Museumszentrum Mistelbach
+43 (0)2572/20719
www.mzm.at

Urgeschichtemuseum Niederösterreich
+43 (0)2577/84180
www.urgeschichte.at

Museumsdorf Niedersulz
+43 (0)2534/333
www.museumsdorf.at

Grafenegg Kulturbetriebsges.mbH
+43 (0)2735/5500
www.grafenegg.com